AF259933

RELATION
DE LA FÊTE

DONNÉE LE 28 PLUVIOSE AN IX
(17 Février 1801)

A PARIS

Par le Ministre des Affaires étrangères

A L'OCCASION DE LA

PAIX DE LUNÉVILLE

Par Arthur BENOIT.

———◆———

LUNÉVILLE

Imprimerie de MAJORELLE, rue Banaudon, 14

———

Août 1868.

RELATION

DE LA FÊTE

Donnée le 28 pluviôse an IX (17 février 1801), à Paris, par le Ministre des affaires étrangères, à l'occasion

DE LA PAIX DE LUNÉVILLE

La paix de Lunéville fut accueillie partout avec le plus grand enthousiasme. La France se voyait au bout de dix années de guerres terribles, calme et heureuse. Ce qui augmentait l'orgueil national, c'était de voir le magnifique résultat obtenu : La rive gauche du Rhin depuis Bâle devait servir de frontière au nouvel empire français, qui entrait dans le cénacle des autres nations avec le double mérite du courage et du bonheur. Le génie du premier consul avait été pour beaucoup dans cette nouvelle ère de grandeur pour le pays. Mais que de félicitations ne devait-on pas à la brave armée du Rhin, à cette pléiade de généraux qui avaient su conquérir la paix, selon l'expression d'un journal du temps ? C'était à eux et à leurs

braves soldats que les couronnes devaient
être présentées. Aussi ne l'oublia-t-on pas.
Partout les détachements de Hohenlinden
furent reçus sous des arcs de triomphe et
par des jeunes filles vêtues de blanc, offrant
des lauriers mêlés à l'olivier.

Parmi les fêtes données en l'honneur de la
paix de Lunéville, on remarqua celle offerte
par le citoyen Talleyrand ; la voici telle que
la décrit le *Journal des Débats* du 1er ventôse.

La fête donnée par le ministre des affaires
extérieures le 28 pluviôse (17 février) a offert
une des réunions les plus brillantes et les
plus nombreuses qu'on ait vues, depuis un
grand nombre d'années. Tous les arts ont
payé leur tribut dans cette occasion solen-
nelle, où le goût le plus délicat semblait cacher en les employant toutes les ressources
de la richesse. La fête a commencé par un
concert dans lequel Garat (1) et Madame
Grassini ont fait admirer, l'un, la finesse et
la fécondité de son art, l'autre, la beauté de
sa voix et la fécondité de sa méthode. L'as-
semblée s'est rendue ensuite dans une galerie
somptueusement décorée, où les acteurs du
Vaudeville ont joué une petite pièce remplie

(1) On disait de Garat : « C'est la musique même ! »

d'allusions piquantes et de couplets ingénieux. En voici une analyse rapide : (1)

Germain, laboureur de Nanterre, a fixé le mariage de sa fille à l'heureuse époque de la paix. Toutes les fois que cette époque a paru prochaine et notamment lors des traités de Léoben et de Campo-Formio, il a engagé la main de Joséphine. Mais la paix n'ayant pas suivi ces deux traités, les concurrents, entre autres, un certain Plumoison, espèce d'écrivain politique, et Minut, employé dans les vivres, ont disparu ; Lors de la réunion des plénipotentiaires à Lunéville, Germain a promis la main de sa fille à Simonnet, fils d'un pâtissier de Nanterre. La paix est signée et Simonnet va épouser Joséphine, mais le retour de Minut et de Plumoison, ramenés aussi par la signature de la paix et par les premiers engagements de Germain, mettent celui-ci dans un grand embarras. Une autre cause vient encore suspendre sa décision, c'est l'arrivée de Victor, jeune militaire auquel Joséphine avait donné son cœur. Germain ne trouve pas de plus sûr expédient que d'accorder sa fille à celui qui aurait le plus fait pour la paix. Chacun expose ses

(1) C'est cette même pièce qui fut jouée le lendemain au même théâtre avec le plus grand succès. Les allusions à la paix de Lunéville y contribuèrent beaucoup.

titres, Joséphine fait valoir ceux du modeste Victor. Dans ce moment on apporte au jeune guerrier un sabre d'honneur (1), récompense de plusieurs actions d'éclat. Germain enthousiasmé s'écrie : *Voilà un sabre qui tranche la difficulté ! Victor ! ma fille est à toi !* et il unit les deux amants.

Victor recevant le sabre d'honneur :

AIR : *Il marche à l'immortalité.*

Celui dont la main récompense
Le zèle et l'ardeur du soldat ;
Soldat aussi par sa vaillance,
Fut notre modèle au combat.
D'offrir ces présents de Bellone ;
S'il était en notre pouvoir ;
Combien le héros qui les donne,
Devrait lui-même en recevoir ! (2)

Nous allons maintenant citer les couplets les plus applaudis. L'analyse indique assez où ils doivent être placés.

AIR : *Une fille est un oiseau.*

(*A l'armée victorieuse !*)

Si nous mettions seulement
Cette adresse sur la lettre,
Je ne saurais vous promettre
Qu'elle arrivât promptement.

(1) On sait qu'avant l'institution de la Légion d'honneur, on donnait des sabres, des pistolets, etc. Ceux qui les obtinrent eurent plus tard la croix.

(2) Couplet en l'honneur du premier Consul.

La lettre une fois partie,
Du Rhin jusqu'en Italie,
De l'Egypte en Helvétie,
Courant après les Français,
Moins prompte que la victoire,
Sur le champ de la gloire
Ne s'arrêterait jamais !

AIR : *Femmes voulez-vous éprouver !*

Du Danube, c'est le vainqueur :
Modeste et sage en sa conduite,
Il accomplit avec ardeur,
Ce qu'avec prudence, il médite,
Par le plus noble monument,
Rappelant Turenne à notre âge,
Il sait encore, en l'imitant,
Le rappeler bien davantage (1).

AIR : *J'ai vu partout dans mes voyages.*

Un monarque, parfait modèle
De franchise et de loyauté,
D'un saint traité garant fidèle,
Aux mers permet la liberté.
En vain, l'Anglais, que l'orgueil berce,
Ne respecte aucun pavillon.....
Plus de crainte pour le commerce
Il aura Paul pour son patron (2).

AIR : *Si Pauline est dans l'indigence.*

Nation fière et généreuse,
Castillans, par l'honneur conduits ;

(1) Couplet en l'honneur de Moreau, *le conquérant de la paix,* comme l'appelait le premier Consul.
(2) Paul Ier, empereur, ami de la France.

Longtemps la France malheureuse,
Vous compta pour ses seuls amis :
Ensemble, d'un destin prospère,
Nous partageons les bienfaits.
Des nœuds formés pendant la guerre
Vont être serrés par la paix (1).

Air : *Vaudeville des Prés-Saint-Gervais.*

Bien des gens forts en promesses,
Longtemps promirent la paix ;
Mais la montrant sans cesse,
Ils ne la donnaient jamais.
La voulaient-ils, ces gens là ?
Ne Parlons plus de cela ;
    Malgré ça, (*ter*)
    Nous y voila !

Quand du Nord une puissance
Armait contre nous son bras,
Admirant tant de vaillance
Nous nous répétions tout bas
Le Nord pour nous changera,
L'amitié l'échauffera.....
    Ce jour là (*ter*)
    Nous y voila !

Bien des Français que la crainte
Sépara de leurs amis,
De loin adressaient leur plainte
Et leurs vœux à leurs pays
Ils disaient : sur ces bords,

(1) L'Espagne fut une des premières alliées de la
République.

> Quel jour nous rappellera ?
> Ce jour là (*ter*)
> Nous y voila !

On va lire plus bas la pièce de vers d'Esmenard en l'honneur de la paix, Talleyrand avait cherché cette occasion de rapprocher le poête, revenu de l'exil, du Premier Consul. D'autres écrivains s'étaient inspirés du traité de Lunéville, entre autres Dorat-Cubières, qui s'écrie, au milieu de son inspiration :

> Quel subit changement ! l'airain des funérailles
> Tonne en signe de joie au sein de nos murailles...
> Lunéville a changé la marche accoutumée...

Au milieu du souper, qui a suivi la représentation de Victor, le citoyen Esmenard (1) a lu et présenté au premier Consul une ode sur la paix de Lunéville, dont on a souvent interrompu la lecture par les plus vifs applaudissements. Nous croyons faire plaisir à nos lecteurs en la mettant toute entière sous leurs yeux.

> O toi ! dont la sagesse égale à ton courage,
> Triomphe de l'Europe et lui donne la paix ?
> Permets que les beaux-arts t'offrent ici l'hommage
> De tes propres bienfaits.

(1) Il devint membre de l'Institut; son poême de la *Navigation* est toujours lu; ce fut un des bons poêtes du premier empire.

Echappés, par tes soins, aux combats homicides,
Que ta noble bonté dissipe leur effroi,
Comme tes ennemis, les muses sont timides
  Et tremblent devant toi.

Ranime, il en est temps, leurs lyres immortelles;
Et puissent du destin les propices décrets,
T'accorder un Homère et du vainqueur d'Arbelles
  T'épargner les regrets.

Les peuples et les rois aux nymphes d'Aonie,
Doivent le souvenir de leurs faits éclatants;
Et la gloire a besoin des ailes du génie
  Pour échapper au temps.

Mais toi, qui désarmas les fureurs de la guerre,
Au cri de la patrie et de l'humanité,
Tu respires déjà dans l'encens de la terre
  Ton immortalité.

La victoire, partout, couronna ta vaillance,
Elle a suivi tes pas jusqu'aux bords du Jourdain;
La mer même, asservie aux rivaux de la France,
  Respecta ton destin.

Plaines de Marengo ! Champs à jamais célèbres !
Où l'homme déplora les succès du héros,
Vous garderez longtemps les monuments funèbres
  De ses nobles travaux.

Un triomphe plus doux, dans ces fêtes heureuses,
Console les humains et charme les Français,
Les lauriers ont produit, dans ses mains généreuses,
  L'olive de la paix.

Elle a mûri pour nous dans ce palais modeste (1),
Qui vit de Stanislas la dernière grandeur,
Et qui cacha souvent, dans leur exil céleste,
    La paix et le bonheur.

Aux regards étonnés de l'Europe attentive,
Un simple citoyen relève leurs autels
Et le destin confie à sa prudence active
    Le repos des mortels.

Donnez des fleurs, donnez ! qu'attendri, mais tranquille
Le héros des Français le couronne en ces lieux,
Déjà le jour nouveau levé sur Lunéville,
    A frappé tous les yeux.

Du Tage à la Newa, l'équité souveraine
Dicte tous les traités, respecte tous les droits ;
Et la liberté règne aux bords de la Seine
    Sans alarmer les rois.

Sur l'or et sur l'airain, rappelons ces trophées,
Du règne de Trajan, monuments fortunés ;
Les peuples affranchis, les haines étouffées,
    Et les trônes donnés (2).

Toi ! qui pour épuiser les faveurs de la gloire,
N'a plus qu'à soutenir le sort qu'elle t'a fait ;
Toi ! dont chaque pensée était une victoire,
    Et devient un bienfait.

(1) Il faut excuser la *modestie* du poëte. La rime
est souvent exigeante.

(2) Allusion au trône d'Etrurie donné par Napoléon
aux jeunes princes d'Espagne.

Je te rends grâce, an nom de l'Europe attendrie,
Et du peuple français qui te doit le bonheur ;
Au nom de ces guerriers que perdit la patrie
    Dans les champs de l'honneur.

Ah ! soit que le front ceint du laurier poétique
D'Homère et de Virgile accomplissant les lois,
Ils jouissent en paix, dans l'Elysée antique,
    Du bruit de tes exploits.

Soit, qu'au milieu des airs, battus par les orages,
Tels qu'Ossian peignit les ombres et les héros,
Leurs mânes belliqueux volent sur les nuages
    Et suivent nos drapeaux ;

D'un éclat immortel, c'est toi qui les couronnes ;
Tu rends leur chute illustre et leur trépas heureux ;
Et le bonheur du monde est le prix que tu donnes
    A leus sang généreux.

Jouis de ton triomphe, il sert à ta vengeance,
Il aigrit d'Albion le courroux insensé : (1)
Elle nourrit en vain d'une folle espérance
    Son orgueil offensé.

Les peuples qu'elle arma te pardonnent ta gloire,
Et vaincus tour à tour, sans être humiliés,
Ils n'oseront jamais réveiller la victoire
    Qui sommeille à tes pieds.

(1) L'Angleterre n'avait pas voulu traiter ; elle fut forcée cependant de faire comme les autres puissances, le traité d'Amiens fut signé : Ce fut une trêve, où les deux partis cherchèrent de nouvelles forces pour s'entre-déchirer.

Tu n'as point de rivaux : domptés par ton génie
Les partis confondus bénissent tes succès
Et tu n'as d'ennemis dans ta course infinie
Que ceux du nom français !

Immédiatement après le souper, les premiers artistes de l'Opéra ont ouvert le bal par un quadrille exécuté avec cette étonnante perfection qui caractérise tous les ballets du théâtre des Arts. Gardel et Mlle Clotilde (1) étaient en habits français de la plus grande magnificence ; Vestris et Mlle Chevigny en habits espagnols ; les autres en habits hongrois, cosaques, égyptiens, etc. A la fin du quadrille, chaque artiste est venu déposer une branche d'olivier aux pieds du premier Consul, et les contredanses ont commencé. Le bal a duré jusqu'à six heures du matin. Les Consuls se sont retirés vers deux heures. Les ministres, les ambassadeurs des puis-

(1) Gardel, maître du ballet de l'Opéra était de Nancy. Stanislas de Girardin dit quelque part que Mademoiselle Clotilde, la célèbre danseuse de l'Opéra, était remarquable par l'élégance et la richesse de sa taille. « Je ne connais aucune femme aussi grande qui soit aussi bien faite. Ses traits ne sont pas réguliers ; elle avoue trente-quatre ans, et son visage semble annoncer que cet aveu est modeste. Malgré son talent et sa grande beauté, elle n'a pas de prétentions, c'est tout-à-fait une bonne fille. » (1809.)
Vestris était le fils du *Dieu de la Danse.*

sances étrangères, plus de 400 femmes élé-
gamment ou richement parées, ont assisté à
cette fête, où l'on n'a regretté que la présence
de celui qui, par la signature du traité de
Lunéville, en avait fait naître l'occasion (1).

Le chevalier de Boufflers crut devoir aussi
célébrer les bienfaits de la paix ; mais sa poé-
sie se ressentit des marais de la Prusse où il
avait été se cacher. Réduit peut-être à chan-
ter pour vivre, il ne put élever son âme à la
hauteur d'un genre pour lequel il n'avait aucun goût. Voici ses vers :

SUR LA PAIX.

Un toit de jonc suffit à la Divinité ;
Son haleine *attiédit* l'air que l'on y respire ;
Et des plus durs frimats *émousse* l'âpreté ;
Les esprits qu'elle éclaire et les chœurs qu'elle inspire,
Aussi d'accord entre eux que les tons d'une lyre,
Conservent l'harmonie en leur diversité ;
Riche de tous les biens que le sage désire,
Prêtant un charme à tout, même à la pauvreté,
Du secret d'être heureux, seule elle sait instruire :
Mortels qui n'êtes point contents sous son empire,
Renoncez pour jamais à la félicité.

———

Famin (P.-N.), professeur de physique,

(1) Joseph Bonaparte, frère du premier Consul,
croyant que le congrés de Lunéville durerait bien plus
longtemps, avait été visité le château d'Einville, où
venait de mourir le premier président Cœur de Roy,
pour le louer pendant la belle saison.

membre du Lycée des Arts, publia : *Carmen pacis. Le Chant de la paix*, ode latine et française, suivie de trois autres traductions en vers français et italiens par différents auteurs et précédées d'une anecdote en forme de préface. Paris, 1801, in-8°.

On remarque ce vers dans l'ode latine :

. . . .

« Sic ad optatum Bonaparte littus
Surgit . . . . .

———

Préfecture de Police.

LIBERTÉ.   ÉGALITÉ.

Ordre de la Marche pour la publication de la paix faite à Lunéville, qui se fera le décadi 30 ventôse, an 9 (jeudi 19 février 1801).

Paris, le 28 ventôse.

Le cortége partira du Ministère de l'intérieur à huit heures précises du matin.

CORTÉGE.

Avant-garde de troupes à cheval avec trompettes; détachement d'infanterie avec un corps de musique; l'inspecteur général et les inspecteurs du nettoiement et de l'illumination, les inspecteurs généraux et particuliers de la navigation et des ports; groupe de trompettes; le contrôleur, les inspecteurs et les préposés au mesurage des bois et charbons; détachement de garde nationale avec drapeaux et tambours; détachement de troupes à cheval; l'état-major et un détachement du corps des pompiers; les officiers de paix ; détachement d'infanterie et corps de musique, les commissaires de police, le commissaire de police de la bourse et celui de la petite voirie à cheval; un corps de musique; les maires et adjoints et leurs secrétaires; *les héraults d'armes;* le secrétaire général de la préfecture et le secrétaire général adjoint; le préfet de police; six officiers de paix à cheval; les huissiers de la préfecture; une double haie de troupes à pied escortera les maires et le préfet de police, détachement de cavalerie; arrière-garde de gendarmerie.

Suit la désignation des rues où dut passer le cortége : on fit des publications sur les places des Invalides, du Corps législatif, du Carrousel, du Tribunat, Vendôme, des Victoires, à la porte Saint-Martin, sur les places de la Bastille, de Grève, du Panthéon et du Sénat conservateur, du Pont-Neuf; puis le cortége rentra à la préfecture de police.

Le préfet de police, vu l'arrêté des Consuls, concernant la publication de la paix de Lunéville, ordonne ce qui suit :

Art. 1er. Tous les habitants de Paris feront

illuminer leurs maisons et bâtiments, décadi prochain 30 ventôse, à la chûte du jour.

Art. 2. Les commissaires de police, les officiers de paix, etc., sont chargés, etc....

Le préfet signé : Dubois.

Par le préfet. Le secrétaire général : Piis.

Un autre arrêté ordonnait de nettoyer les rues le jour fixé pour la publication, avant huit heures du matin, les voitures ne devaient pas circuler dans les rues traversées par le cortége ; il était défendu de tirer des fusées, pétards, etc., dans les rues, places ou par les fenêtres des maisons, etc.

Le *Journal de la Meurthe* du 1er prairial, an IX (21 mai 1801), donna à ses lecteurs la charade suivante, qui fait partie aussi de la collection des pièces historiques ayant trait à la paix de Lunéville :

Mon premier dans les cieux, sur la terre, aux enfers,
Fut jadis adoré par cent peuples divers.
Sans monture, sans char, sans aucun équipage,
En peu d'heures, je fais un énorme voyage.
Très-discrète, je suis fréquemment, dans mon cours,
Confidente et témoin de furtives amours.
A de milliers de personnages,
De tout état, de tous les âges,
Mon deuxième offre sous ses toits,
Un abri qu'assurent les lois.

Enfin la paix succède aux horreurs de la guerre,
Jours désastreux vous ne reviendrez plus.
C'est dans mon tout, pour le bien de la terre,
Qu'on a fermé le temple de Janus.

FIN.

(Extrait des *Petites Affiches*, *journal de Lunéville et de l'arrondissement.*)

Lunéville. — Impr. de Majorelle.

69